Meine Worte sind wie Sterne

Die Rede des Häuptlings Seattle

Mit Fotografien von
Daniela Meyer und Holger Baumann

PATTLOCH

Jeder Teil dieser Erde ist uns heilig

Der Himmel,
der Tränen des Mitgefühls
über unsere Väter geweint hat,
ungezählte Jahre lang,
und uns unvergänglich zu sein scheint:
Wie wechselhaft ist er!
Heute ist er klar,
morgen mag er bewölkt sein.

Meine Worte jedoch sind wie Sterne,
die niemals untergehen.

Der große Häuptling in Washington kann
den Worten Häuptling Seattles vertrauen.
Er kann auf sie zählen mit derselben Gewißheit,
mit der unsere bleichgesichtigen Brüder
mit der Wiederkehr der Jahreszeiten rechnen.
Der Sohn des weißen Häuptlings richtet
uns Grüße seines Vaters aus,
Grüße der Freundschaft als Zeichen
seines guten Willens.
Wie freundlich von ihm, wissen wir doch,
daß er auf unsere Freundschaft nicht angewiesen ist,
denn sein Volk ist so zahlreichwie das Gras,
das die Weiten der Prärien bedeckt.
Mein Volk hingegen ist gering an Zahl
und verstreut wie die Bäume einer Ebene,
die der Sturm durchbraust.

Der große und – so nehme ich an –
gute weiße Häuptling läßt uns wissen,
er wolle unser Land erwerben,
doch sei er gewillt, uns genug Land zum Leben zu lassen.
Dies scheint mir fürwahr ein großzügiges Angebot zu sein,
denn der rote Mann besitzt keine Rechte mehr,
die der weiße Häuptling zu achten hätte.
Es ist vielleicht auch ein weises Angebot,
denn wir brauchen kein großes Land mehr.

Es gab einst eine Zeit,
als wir das ganze Land bevölkerten,
so wie die Wellen eines vom Wind
bewegten Meeres den Muschelboden
stets bedecken.

Doch diese Zeit ist längst vergangen,
die Größe der Stämme fast vergessen.
Unseren viel zu frühen Niedergang
will ich nicht betrauern
noch meinen bleichgesichtigen Brüdern
vorwerfen, ihn beschleunigt zu haben,
denn auch wir mögen nicht ganz
schuldlos daran gewesen sein.

Wenn unsere jungen Männer die Wut packt,
durch wirkliches oder vermeintliches Unrecht
entfacht, und sie ihre Gesichter
mit schwarzer Farbe verunstalten,
sind auch ihre Herzen entstellt und finster.
Dann ist ihre Grausamkeit ohne Erbarmen
und kennt keine Grenzen,
und unsere alten Männer können sie
nicht zurückhalten.

33

Doch laßt uns hoffen,
daß niemals mehr Feindschaft ausbricht
zwischen dem roten Mann
und seinen bleichgesichtigen Brüdern.
Wir hätten alles zu verlieren
und nichts zu gewinnen.
Zwar halten unsere tapferen jungen Männer
die Rache für einen Sieg,
und sollten sie dabei das Leben verlieren.
Aber die alten Männer,
die in Zeiten des Krieges
zu Hause bleiben,
und die alten Frauen,
die Söhne zu verlieren haben,
wissen es besser.

Unser großer Vater in Washington –
er ist nun wohl auch unser Vater und nicht mehr nur der eure,
seit George die Grenzen gen Norden verschoben hat –,
ja, unser großer und guter Vater läßt durch seinen Sohn sagen –
auch er ist ganz zweifellos ein großer Häuptling in seinem Volk –,
er werde uns beschützen,
wenn wir uns seinem Willen beugen.
Seine tapferen Heere werden
ein waffenstarrender Wall für uns sein,
und seine großen Kriegsschiffe unsere Häfen bevölkern.
Unsere alten Feinde weit im Norden,
die Tsimshians und Haidas,
werden unsere Frauen und alten Männer
nicht länger in Angst versetzen.

Dann wird er unser Vater sein,
und wir werden seine Kinder sein.
Doch kann dies jemals sein?
Euer Gott liebt euer Volk und haßt das meine:
Er hält den weißen Mann
liebevoll in seinen starken Armen
und führt ihn wie der Vater seinen jungen Sohn.
Verlassen hat er jedoch seine roten Kinder.
Er läßt euer Volk wachsen Tag für Tag,
und bald wird es das ganze Land besiedeln.

Mein Volk jedoch wird sich zurückziehen
wie das Meer bei Ebbe,
und niemals mehr wird die Flut kommen.
Es kann nicht sein, daß der Gott
des weißen Mannes seine roten Kinder liebt,
sonst würde er sie doch beschützen.
Sie scheinen Waisen zu sein
und können nirgends um Beistand flehen.

Wie könnte euer Vater unser Vater werden,
uns Wohlstand verleihen
und Träume von neuer Größe
in uns zum Leben erwecken?
Euer Gott ist in unseren Augen parteiisch.
Er kam zum weißen Mann.
Wir sahen ihn nie.
Nie hörten wir seine Stimme.
Den weißen Männern gab er Gesetze,
aber er fand kein Wort für seine roten Kinder,
Millionen, die diesen gewaltigen Kontinent
mit Lebendigkeit erfüllten,
wie das Firmament von Sternen übersät ist.
Nein, wir sind zwei getrennte Völker,
und getrennt müssen wir bleiben, für immer.

Wenig haben wir gemeinsam.
Die Asche unserer Vorfahren ist uns heilig
und ihre letzte Ruhestätte geheiligter Boden,
doch ihr verlaßt die Gräber eurer Väter,
anscheinend ohne Bedauern.
Auf Steintafeln verewigt ist eure Religion,
ein ehernes Gesetz, das ein zorniger Gott schrieb,
damit ihr es nicht vergeßt.
Von unseren Vorfahren überkommen ist unser Glaube,
die Träume der alten Männer, die ihnen der große Geist eingab,
und die Visionen unserer Häuptlinge,
sie sind in die Herzen unseres Volkes eingeschrieben.
Eure Toten hören auf, euch und den Ort ihrer Geburt zu lieben,
sobald sie ins Grab gesunken sind.
Ihr Weg führt sie weiter weg als die Sterne,
und schnell sind sie vergessen,
die niemals wiederkehren.

Unsere Toten vergessen niemals die wunderbare Welt,
die ihnen das Leben schenkte.
Nie hören sie auf, die sich windenden Flüsse der Erde zu lieben,
die gewaltigen Berge und abgeschiedenen Täler.
Zärtlich und liebevoll verzehren sie sich
wegen der einsamen Herzen der Lebenden
und kehren oft zurück,
um sie zu besuchen und um sie zu trösten.

*So wie Tag und Nacht nicht weilen können am selben Ort,
so ist der rote Mann vor dem nahenden weißen Mann immer geflohen,
wie am Berg die Nebelschwaden vor der Glut der Morgensonne fliehen.
Indes – euer Vorschlag scheint gerecht zu sein.
Mein Volk wird ihm wohl zustimmen
und sich in das Reservat zurückziehen, das ihr ihm anbietet,
und ihr und wir werden voneinander getrennt und in Frieden leben.
Denn die Worte des großen weißen Häuptlings scheinen
der Natur selbst Stimme zu verleihen,
und sie spricht zu meinem Volke aus der Dunkelheit,
die sich um uns verdichtet
wie dichter Nebel, der sich mitternachts vom Meer erhebt.
Was macht es schon aus, wo wir den Rest unserer Tage verbringen?
Sie sind gezählt.*

Die Nacht der Indianer, sie wird rabenschwarz sein.
Kein heller Stern steht am Horizont.
Im fernen Klagen der Winde liegt Trauer.
Ein grimmiger Rächer
verfolgt den roten Mann,
und wohin auch immer dieser sich wendet,
wird er die Schritte des schrecklichen Rächers hören,
wie sie sich unerbittlich nähern.
Seinem unentrinnbaren Schicksal wird er sich stellen,
wie die verwundete Hirschkuh,
die die nahenden Schritte des Jägers hört.
Noch einige Monde, noch einige Winter,
und kein einziger wird übrigbleiben

aus den mächtigen Scharen,
die dieses weite Land einst erfüllten
und die heute in kleinen Resten umherirren,
verloren in der Einsamkeit des Landes.
Kein einziger wird übrigbleiben,
über den Gräbern eines Volkes zu weinen,
das einst so mächtig war wie ihr und so voller Hoffnung.
Doch was nützt es, wenn wir mit unserem
Schicksal hadern?
Was nützt es, wenn ich über das Schicksal
meines Volkes murre?
Stämme bestehen aus einzelnen Menschen
und sind als Ganzes nicht besser als diese.

Die Menschen kommen und gehen wie Meereswellen.
Eine Träne, ein Tamanawus, ein Klagegesang –
und schon sind sie unwiederbringlich
unseren Blicken entzogen.
Sogar der weiße Mann,
dessen Gott seine Wege mitging und mit ihm redete,
muß sich dem gemeinsamen Schicksal aller Menschen beugen.
Vielleicht sind wir trotz allem Brüder.
Wir werden sehen.
Wir werden über euren Vorschlag nachdenken
und euch unsere Entscheidung kundtun.
Doch sollten wir zustimmen,
so nur unter dieser Bedingung:
Wir lassen es uns nicht verbieten,
unbelästigt und jederzeit
die Gräber unserer Vorfahren und Freunde zu besuchen.

Jeder Teil dieser Erde ist meinem Volk heilig.
Jeder Hügel, jedes Tal,
jede Ebene und jeder Hain

ist geheiligt
durch eine teure Erinnerung
oder eine traurige Erfahrung meines Stammes.

Selbst die Felsen,
die stumm dazuliegen scheinen
am stillen Meeresufer unter der glühenden Sonne,
majestätisch in ihrer Größe,
selbst sie erzittern vor der Erinnerung an vergangene Ereignisse,
die mit dem Schicksal meines Volkes verknüpft sind.
Ja sogar der Staub unter euren Füßen
ist unseren Schritten gewogener als euren,
denn Asche ist er, Asche unserer Vorfahren.
Und wenn er unsere bloßen Füße berührt,
so spüren wir, daß er uns wohlgesonnen ist,
denn der Boden ist erfüllt vom Leben der Unseren.

*Die schwarzen Krieger,
die liebevollen Mütter und die frohen Mädchen
und die kleinen Kinder, die hier gelebt und sich des Lebens gefreut haben
und deren Namen nicht vergessen sind,
sie lieben diese einsamen Landschaften noch immer.
Und ihre tiefe Einsamkeit
wird schattenhaft,
wenn die dunklen Geister kommen.
Und wenn der letzte rote Mann
von dieser Erde verschwunden ist,
und die weißen Männer seiner nur noch als ferner Erinnerung gedenken,
werden die unsichtbaren Toten meines Stammes diese Ufer bevölkern.
Und wenn die Kinder eurer Kinder
glauben allein zu sein,
auf dem Feld, in der Lagerhalle, im Laden, auf der Landstraße
oder inmitten der schweigenden Wälder,
dann werden sie nicht allein sein.*

Auf der ganzen Welt gibt es keinen Ort,
der der Einsamkeit vorbehalten ist.
Nachts, wenn auf den Straßen eurer Städte und Dörfer
die Stille einkehrt,
werden sie pulsieren von den Scharen,
die zurückkehren
in dieses schöne Land, das sie einst bevölkerten
und noch immer lieben.
Nie wird der weiße Mann
das Land für sich allein haben.
Möge er gerecht sein und gut zu meinem Volk,
denn gänzlich machtlos sind die Toten nicht.

Bildlegenden

Fotografien von Daniela Meyer (dm) und Holger Baumann (hb)

Umschlag:	Monument Valley, Arizona, USA (dm)
Innentitel/5	Arches Nationalpark, Utah, USA (hb)
2/3	Monument Valley, Arizona, USA (hb)
7	Joshua Tree, Kalifornien, USA (hb)
8/9	Redwood National Park, Kalifornien, USA (dm)
11	bei Kamloops, British Columbia, Kanada (dm)
12	Queen Charlotte Islands, Kanada (dm)
13	Burnaby Narrows, Queen Charlotte Islands, Kanada (dm)
15	Powwow in Kamloops, British Columbia, Kanada (dm)
17	Powwow in Kamloops, British Columbia, Kanada (dm)
18/19	Death Valley, Kalifornien, USA (hb)
21	Totempfahl in Skidegate, Queen Charlotte Islands, Kanada (dm)
23	Monument Valley, Arizona, USA (dm)
25	Werner Point, Queen Charlotte Islands, Kanada (dm)
26	„Dream Catcher", Monument Valley, Arizona, USA (hb)
29	Mesa Verde, Colorado, USA (hb)
31	Yellowstone, Wyoming, USA (dm)
33	Zion National Park, Utah, USA (dm)
35	Queen Charlotte Islands, Kanada (dm)
36/37	Delicate Arch, Arches Nationalpark, Utah, USA (hb)
39	Antelope Canyon, Arizona, USA (hb)
40	Bryce Canyon, Utah, USA (dm)
41	Yellowstone, Wyoming, USA (dm)
43	Stanley Park Vancouver, British Columbia, Kanada (dm)
45	Indian Summer, Quebec, Kanada (dm)
46/47	Rose Harbour, Queen Charlotte Islands, Kanada (dm)

Die Deutsche Bibliothek – CIP-Einheitsaufnahme

Meine Worte sind wie Sterne / die Rede des Häuptlings Seattle.
Mit Fotogr. von Daniela Meyer und Holger Baumann.
[Aus dem Amerikan. übers. von Ruth Drost-Hüttl]. - Augsburg : Pattloch, 1999
ISBN 3-629-00163-7

Gedruckt auf chlorfrei gebleichtem Papier.

Die Rede von Häuptling Seattle übersetzte Ruth Drost-Hüttl, München.
Amerikanische Vorlage: Chief Seattle's speech as recorded by Dr. Henry Smith 1854, and published in the Seattle Sunday Star, October 29, 1887. (Die Rede Häuptling Seattles wurde von Dr. Henry Smith im Jahre 1854 aufgezeichnet und veröffentlicht im „Seattle Sunday Star" am 29. Oktober 1887.)

Umschlag: Daniela Meyer, Augsburg
Konzept und Gestaltung: Daniela Meyer, Augsburg
Reproduktion: Fotolito Longo, I-Bozen
Druck und Bindung: Druckerei Uhl, Radolfzell

Printed in Germany

ISBN 3-629-00163-7